Herstellung und Verlag:

BoD – Books on Demand, Norderstedt

ISBN: 978-3-8482-6368-4

Bibliografische Information der Deutschen Nationalbibliothek:
Die Deutsche Nationalbibliothek verzeichnet diese Publikation
in der Deutschen Nationalbibliografie;
detaillierte bibliografische Daten sind
im Internet über http://dnb.dnb.de abrufbar.

Gunnar Busuzima

(I)

Tanzende Sterne

Mit reimenden Enden

Aus tiefstem Herzen

Zwei Jahrzehnten

Und unterschiedlichen Gründen

Inhalt

Inhalt

5

Vorwort

Es ist nicht die Intention des Autors,
Irgendeiner Menschenseele,
Ihm bekannt oder auch nicht,
Aggressiv, verletzend oder gar drohend
Gegenüberzutreten.

Die folgenden Kreationen
Entspringen den unterschiedlichsten
Situationen, Gemüts- und Lebenslagen
Und spiegeln lediglich die derzeitige
Verfassung des Autors wider.

Viele Werke beziehen sich ganz konkret
Auf bestimmte Personen oder Situationen,
Einige entstanden einzig und allein der Poesie wegen
Und andere wiederum verarbeiten ganz allgemeine
Überlegungen, Erfahrungen und Gedankengänge.

Die vorliegende Zusammenstellung
Ist keineswegs chronologisch aufgebaut
Und weist dementsprechend teilweise
Auffällige Schwankungen in Sachen
Qualität, Anspruch und Atmosphäre auf.

Kitsch ist ein nahezu unvermeidbarer
Bestandteil der amateurhaften Dichtkunst
Und wird mit Sicherheit auch hier
Beim einen oder anderen Leser
Beizeiten Brechreiz verursachen.

Einiges ist plump,
Anderes ist überzogen,
Etliches ist geschmacklos,
Vieles mag schlicht langweilig sein,
Und nichts, aber auch gar nichts
Wird die Welt bewegen...

You're welcome!

Kapitel I: Liebe

(I)

Wenn das Herz in fremden Körpern weilt...

THREETIMESE

Versinken im goldenen Strudel aus Sand.
Versinken im tiefsten und weitesten Meer.
Versinken in doppelt gefalteter Hand.
Das langsame Sterben zergeht mir so sehr!

Zergeht mir im Mund dieses sanfte Gewand,
Zergeht mir das formbare Lächeln im Mund,
Zergeht mir die doppelt gefaltete Hand,
Das ewige Streben schmeckt nicht ohne Grund!

Und ewig wird fremdartig beben die Brust!
Und ewig wird krümmen sich doppelt das Tier!
Und ewig wird sein mir das eine bewusst:
Das Erste steht stets für die Liebe zu Dir...

Vertrauen in Tat und Vertrauen in Wort.
Vertrauen ins tiefste und weiteste Meer.
Vertrauen am schönsten und zweisamsten Ort.
Das aufrechte Sterben verlässt sich so sehr!

Verlässt sich auf Stütze im unsanften Fall,
Verlässt sich auf Hände nach offenem Mund.
Verlässt auch der Mut mich des Nachts überall,
Das ehrliche Streben weiß nicht ohne Grund!

Und ehrlich wird ewig erbeben die Brust!
Und ehrlich wird ewig sich reiben das Tier!
Und ehrlich ist ewig mir eines bewusst:
Das Zweite steht treu für die Liebe zu Dir...

Verwachsen in grüner und zweisamer Wand,
Verwachsen im tiefsten und weitesten Meer,
Verwachsen in doppelt gefalteter Hand,
Das mächtige Streben erregt mich so sehr!

Erregt ist die Sanftheit so nah und zu fern,
Erregt ist der Herrscher in Hand und in Mund,
Erregt ist die Achtung vor Farbe und Stern,
Extrem ist das Sterben und nicht ohne Grund!

Extrem ist ganz ehrlich die ewige Brust!
Extrem reckt sich ehrlich auf ewig das Tier!
Extrem ist mir ehrlich und ewig bewusst:
Das Letzte steht fest für die Liebe zu Dir!!!

(das Letzte)

SCHÄDEL UND DAS MÄDEL

Zwei Äpfel im Schädel.
Ich griff nach dem einen,
Bewarf jenes Mädel
Und fing an zu weinen.

Ein Blick aus dem Schädel
(Mein Herz auf den ersten)
Schon brachte das Mädel
Den Thorax zum bersten.

Sie griff nach dem Schädel,
Aus dem es geregnet.
Ach, wär' ich dem Mädel
Doch niemals begegnet.

Sie schraubte den Schädel
Bis unter die Kehle.
Kein Pfeil im Mädel.
Kein Herz, das ich stehle.

Ein Krater im Schädel.
Zur Rose sechs Füße.
Vergeben dem Mädel.
Wer wirft, ja der büße!

(die Wendung der Rede)

13

SCHÄDEL UND DAS MÄDEL II

Ein Schädel im Schloß!
Ein Schuss und ein Schrei.
Ein Schädel zu Ross.
Ein Schuss aus dem Ei.

Ein Schädel im Herzen.
Im Schloß tut er wohnen.
Zuhause gibt's Schmerzen
Und Detonationen.

Ein Schlüssel im Schloß
Und Worte und Küsse.
Ein Stachel im Ross
Und Schreie und Schüsse.

Ein Schädel im Hügel
Auf fremdem Planeten.
Der Stachel braucht Zügel,
Um ihn zu betreten.

Ein Schädel im Schloß!
Will nie mehr hinaus.
Ein Schädel zu Ross.
Der Schlüssel läuft aus.

Ein Schädel dazwischen.
Ein Schädel im Schloß,
Die Säfte zu mischen.
Ein Schlüssel im Ross.

(die Wendung der Lage)

14

BACKFISCH

Die Made kriecht ins linke Ohr,
Ins rechte springt der blinde Tor.
Auf dem Weg zum Kern des Lebens
Sträubt die Made sich vergebens;
Denn jetzt hält der Tor die Zügel,
Und den Sternen wachsen Flügel...
Angerechnet, wirkungslos.
Backfisch riecht nach Frauenschoß!

Fremde Hände sind geschlossen,
Doch der Tor führt unverdrossen.
Er missachtet für die Paarung
All die Narben und Erfahrung.
Und ist die Made angelangt,
Der Kopf um seinen Schutzhelm bangt.
Blicke lauern überall...
Backfisch klingt nach Überschall!

Fester Griff und stummes Sprechen
Lassen grüne Dämme brechen;
Doch das Land wird nicht versinken!
Ewig wird der Tor ertrinken...
Um die Finger zu verbiegen,
Werden Sterne wieder fliegen.
Denn im Kern wohnt jetzt die Made...
Backfisch schmeckt nach Schokolade!

(das Unwort der Zeit)

DER KRIEGER

Die Kreuzzüge haben den Glanz verloren.
Im letzten Gefecht warst Du unterlegen!
Im Altenheim wurdest Du neu geboren...
Das Kriegsbeil ruht nun der Alten wegen.

Drum steck es wieder ein, das Schwert!
Die nackte Klinge ist gefährlich...
Die Wunden sind das Blut nicht wert.
Die Tradition ist unentbehrlich...

Die Suche nach Kriegern ist zu frustrierend...
Der Waffennarr wird nur zu Recht gemieden!
Mit stählerner Klinge den Mob visierend;
Erinnernd die Zeit sehnst Du Dich nach Frieden.

Drum zieh es nicht mehr raus, das Schwert!
Bewaffnet bist Du zu gefährlich...
Das Blut ist nicht die Träne wert.
Das Altenheim ist unentbehrlich...

Die Lust auf den Kampf treibt Dich in die Ecke.
Behinderst Dich selbst durch die lange Klinge...
Zerhackst Dich selbst, auf dass die Lust verrecke;
Und auf dass der Schmerz Dir den Frieden bringe!

Nun steck es endlich ein, das Schwert!
Die scharfe Klinge ist gefährlich...
Die Tränen sind den Schnitt nicht wert.
Nur unbewaffnet bist Du ehrlich!

Und nun, da Du nicht mehr ans Fechten denkst;
Und nun, da das Schwert ruht am rechten Platz;
Und nun, da Du Kriegern die Freiheit schenkst,
Bist endlich Du selig mit Deinem Schatz!

(Ode an die Treue)

ICH LIEBTE DICH

Die Schädelflagge aufgehängt;
Der Freibeuter an Gold nur denkt...
Sein Schiff zur grünen Insel lenkend;
Und stets an Gold und Silber denkend...
Den Rest der Mannschaft umgebracht;
An Silber, Gold und Schmuck gedacht...
Zum X vom Felsen hundert Schritte –
Ja, aber Männerschritte, bitte!
Er gräbt und gräbt und weiß es doch –
Es ist und bleibt ein leeres Loch!
Kein Schmuck, kein Silber und kein Gold –
Hat's eigentlich auch nie gewollt!
Ist schade zwar um all die Leichen...
Doch kann man Schätze nicht vergleichen.
Hat seinen doch seit fünfzig Wochen...
Zum Bügeln, Waschen, Putzen, Kochen.
Und für Sauerei'n mit Gummi...
Schumi, Schumi, Schumi, Schumi!!!

ICH LIEBTE DICH II

Ewig schon an Gott geglaubt;
Ihm doch nie zu Dank verpflichtet...
Denn vom Größten überhaupt
Wurde bisher nur berichtet...
Dies Gefühl der wahren Liebe
War mir bisher unbekannt...
Zur Erfüllung meiner Triebe
Nahm ich lange meine Hand...
Doch nun ist die Traumfrau mein!
Und nach all den schönen Küssen
Will ich nie mehr fern ihr sein!
Werde Gott wohl danken müssen...

(das höchstmögliche Maß an Romantik)

DAS RÄTSEL:

ueberschätze immer nie
chronophobe sympathie.
heimatlose energie?
Nimm robuste harmonie!

erlebe also Wechselhaft
beisammen, freiheit, einzelhaft.
radiere Die endenden, dummen und ich!
nun rieche die Restlichen – schuldigend sich...

chronophile energie!
heimatlose harmonie
allen rfrorenen,
fast Erstgeborenen,
tätig verlorenen.

Um ich ist er.
satanisch, leer...
töte Das Rätsel !
zimperlich, mädelig,
und ich Zu retselig...

vermutete Lösen ertrunken,
wohlwissende raten im dunklen...
chronophob, allein, halb nackt,
totes kind im ei, ganz nackt!!

Danke!

(für André ohne Zufall)

18

Kapitel II: Zweifel

(I)

Wenn das Herz keine Heimat mehr kennt...

GEFÜHL IST NICHTS, VERNUNFT IST ALLES

Viel zu lang übte ich mich im Dichten nicht mehr.
Fällt dem glücklichen Mann doch das Dichten zu schwer...
Doch nun endlich plagt mich dieser Drang wieder sehr!
Und das glückliche Lächeln vergeht immer mehr...

Denn erneut wurde ich auf die Probe gestellt.
Einmal mehr spürt mein Herz diesen grausamen Stich.
Und schon wieder bin ich ganz allein auf der Welt...
Darum leiht mir ein Ohr und bemitleidet mich!

Wenn das Bier und der Whiskey die Kehle Dir schmieren,
Auf dass Worte Dir allzu geschmeidig entweichen,
Lässt Du leicht Dir den lallenden Kiefer lädieren.
Doch zum Selbstmordgedanken soll dies noch nicht reichen...

Also muss es um einiges schlimmer noch kommen...
Und Du glaubtest, Du könntest vollkommen vertrauen.
Doch nun haben sie Dir Deinen Glauben genommen!
Und man kann keine Burg auf Ruinen erbauen...

Längst vergessene Angst hat man aufleben lassen...
Deine Eifersucht hieltst Du für weit überzogen.
Darum kannst Du Dein Scheitern noch immer nicht fassen...
Kaum gelockert den Griff, wirst sofort Du betrogen!

Dabei wolltest Du lediglich jenes beschützen,
Was das Leben Dir wieder recht lebenswert machte.
Doch anstatt Dir zu danken und statt Dich zu stützen,
Sah man weg, ließ Dich fallen und schimpfte und lachte...

Dabei wolltest Du bloß Dein Revier dort markieren;
Und schon spürst Du die Fäuste der ewigen Neider.
Nur der einsame Streuner hat nichts zu verlieren!
Dein Revier war es nicht, doch Du glaubtest dies leider...

Und den Rückzug in Demut hieltst Du für das Beste;
Denn den Fehler darin konntest Du nicht erahnen.
Damit schenktest dem Neider Du die weiße Weste;
Und er konnte zum Herzen den Weg sich nun bahnen...

Allzu leicht konnte er das Vertrauen erlangen.
Und wenn nicht mal die Engsten den Lügner erkennen...
Wie nur könnte man dieses von Dir nun verlangen?
Wen vermagst Du noch einen Vertrauten zu nennen?

Diese Antwort bleibt Dir wohl für immer verborgen...
Und auf ewig sollst sein Du von Zweifeln zerfressen!
Wirst Dich immerzu um Deine Zweisamkeit sorgen;
Denn kein anderer Schmerz hat so tief je gesessen!

Als Du einsam dann ruhtest in heimischer Stätte;
Und Du ahntest nichts Böses, doch träumtest vom Töten...
So als ob man im Schlaf es geflüstert Dir hätte;
Da befand sich der ruhende Narr schon in Nöten!

Denn die Abwesenheit Deiner selbst in der Kammer
Ließ Dich abwesend sein auch in einigen Köpfen.
Und nach kurzem Geschimpfe, Geschrei und Gejammer
Durfte man aus den Vollen der Ledigkeit schöpfen...

Und so kam es, dass man Dich erfolgreich verdrängte.
So als wärst Du noch niemals im Herzen gewesen...
Und so kam es, dass man sich an Fremde verschenkte!
Dazu wählte man einfach den Ersten am Tresen...

Und als Dank für das Lallen als Zeichen der Liebe
Bot man an seinen Körper, als sei da kein Morgen...
War es Wut oder nur die Erfüllung der Triebe?
Jedenfalls machte man sich um Dich keine Sorgen.

Und als fast alle Zeugen entfernt sich nun hatten,
War der Erstbeste gut, um die Treue zu brechen.
Von dem ruhenden Narr blieb nur höchstens ein Schatten...
Seine Gutgläubigkeit sollte bald sich schon rächen.

Nur ein einziger Krieger der Scham war geblieben.
Doch so sehr Du auch dankst ihm für seine Bemühen;
Konnte er keinen Riegel vor Treuebruch schieben.
Ignoriert hat man ihn und ergab sich dem Glühen...

Und als endlich man saß in des Erstbesten Kiste;
Und sich prostituierte an heimlichen Orten;
Wurde klar, dass Dich dort und dann niemand vermisste.
Denn man kannte sich bestens nach wenigen Worten...

Und es braucht nur ein Lächeln, ein Zwinkern, ein Nicken,
Um dem Beutetier über die Lippen zu lecken...
Und um hinter die Maske der Unschuld zu blicken;
Um die süßeste Frucht dieser Welt zu entdecken.

Und so hielt er statt Karten nun Fleisch in den Händen.
Schon ein paar Sätze eher sah jeder dies kommen...
Doch die Selbstzweifel und das Verlangen der Lenden
Haben wertvollsten Schätzen das Leuchten genommen!

Auf der hölzernen Bank hat man Dich dann verraten;
Fast, als hättest Du ihn um Vertretung gebeten.
Und wie weit man noch ging, kannst Du höchstens erraten...
Wirst Du je wieder lächelnd ein Wirtshaus betreten?

Später wagte man sich in die Höhle des Narren;
Und des Erstbesten Saft klebte noch in den Poren!
Doch wenn Augen durch Schleier des Whiskeys nur starren,
Bleibt die Hoffnung, es sei noch nicht alles verloren...

Und so legte man an Deiner Seite sich schlafen;
So als hätte man absolut nichts zu bereuen.
Doch man weiß nicht, wie hart jene Worte Dich trafen,
Die man preisgab, als solltest Du Dich drüber freuen...

Man verschwieg Dir nichts, hat man Dir flüsternd versichert.
Doch man ahnt nicht, wie schwer es Dir fällt, dies zu glauben.
Denn Du hörst nicht, wenn hinter dem Rücken man kichert...
Du kannst niemanden seiner Gedanken berauben!

Trotz der Beichte bleibt manches an Fragen noch offen...
Und so wirst Du stets lautlos den Grund hinterfragen.
Hast Du denn eine andere Wahl, als zu hoffen,
Dass man immer Dir nichts als die Wahrheit wird sagen?

Du wirst niemals den Namen des Schänders erfahren;
Denn die Offenheit, die man versprach, kannte Grenzen.
Und so fragst Du Dich, ob da noch andere waren...
Die besudelte Krone wird nie wieder glänzen!

Lange Zeit wirst Du Dir jeden Satz nun verdrehen;
Denn nach Anspielungen musst Du nicht lange suchen...
Wenn man will, kann man alles ganz anders verstehen.
Ohne Zunge schmeckt Scheiße genauso wie Kuchen!

Eines Tages vielleicht wirst Du alles verstehen...
Doch es ist Dir nicht möglich, den Tag zu vergessen;
Denn zuviel hat das innere Auge gesehen...
Und das Bild hat zu tief in Dein Herz sich gefressen!

Somit sind wir letztendlich bei Selbstmordgedanken...
Zwischen Freitod und Leben in Angst kannst Du wählen.
Kein vorheriger Schlag ließ den Mut derart wanken...
Der Gestank des Verrats wird auf ewig Dich quälen!

Also lasst mich Euch sagen und prägt Euch gut ein:
Wenn Ihr wählen müsst zwischen dem Freund und der Frau...
Die Vernunft soll die siegende Seite stets sein!
Wer sich beugt den Gefühlen, der handelt nicht schlau...

Und ich hoffe, dies war nun mein letztes Gedicht;
Denn der dichtende Mann macht kein nettes Gesicht...
Wenn der nächste Damm unter den Fluten zerbricht,
Dann versinke ich hoffentlich immer noch nicht...

(die Offensive der Vernunft)

VERNUNFT IST NICHTS, GEFÜHL IST ALLES

Nun hat sie es getan und es lässt sich nicht ändern...
Doch Du glaubst ihr die Schwüre der Liebe und Treue.
Sie zerriss doch nur eines von Tausenden Bändern!
Und Du kannst nicht behaupten, dass sie nichts bereue...

Spürst Du nicht das Gefühl, sie trotz allem zu kennen?
Wenn Du schaust in ihr Herz, siehst Du nicht ihre Liebe?
Und was nützt es, zu schmollen, zu hassen, zu flennen?
Deine Tränen nur schwemmen den Sand ins Getriebe!

Du verehrst sie doch auch, liebst sie mehr als Dein Leben!
Und Du könntest um nichts in der Welt sie verlassen...
Somit musst Du ihr wohl eine letzte Chance geben.
Keine zweite Frau wird je so gut zu Dir passen!

Ihre Ehrlichkeit stelltest Du niemals in Frage.
Nur ein einziger Fehltritt zerbrach Dein Vertrauen.
Und versetz Dich nun einmal nur in ihre Lage...
Sie versucht, eine Burg auf Ruinen zu bauen!

Sie hat alles getan, die Beziehung zu retten.
Womit sollte sie auch ihren Fehler erklären?
Sie betrügt nicht noch einmal, darauf kannst Du wetten!
Es ist besser, dem Ganzen den Rücken zu kehren.

Wie Du zugeben musst, warst Du selber nicht besser...
Auch ein guter Freund konnte Dir damals vergeben.
Folge nicht der Vernunft und vergrabe das Messer...
Folge Deinem Gefühl und genieße das Leben!

(die Niederlage der Vernunft)

25

GEFÜHL IST VERNUNFT, NICHTS IST ALLES

Es war einmal ein kleiner Batzen,
Der fühlte sich im Boot zuhause!
Kein fremder Hafen tat ihn kratzen.
Für ihn war jede Stunde Pause...

Und als das Boot gestrandet war,
Da hörte man den Zug noch rollen...
Es machte sich der Batzen rar,
Nicht in der Position, zu wollen!

Dann klemmte scheinbar jede Scheibe...
Und Mangel herrschte an Entkommen.
Der Zug durchquerte See und Bleibe.
Der Batzen hat sich Zeit genommen!

Ein Schiff stand plötzlich auf den Gleisen!
Als Gott dem Zug den Klumpen schenkte,
Der Mut sich traute zu beweisen...
Wo war der Batzen, der ihn lenkte?

So fuhr der Zug ums Schiff herum...
Vermied die Kollision und Laute!
Der Batzen sah sich fragend um,
Als Gott ihm eine Luke baute.

Doch blieb der Zug noch führerlos,
Obwohl der Weg ins Freie lockte...
Es stellte sich kein Batzen bloß,
Da dieser hinter Scheiben hockte!

Eventuelle Kollisionen
Sind lustig zwar und meistens laut...
Doch wird man sich damit verschonen,
Bis sich ans Licht der Batzen traut!

Wenn erst ein Leck das Schiff bedroht,
Ist bald der Zug im Netz gefangen!
Der Batzen schweigt den Klumpen tot.
Und alles wäre schiefgegangen...

So wird ein Notsignal gesendet,
Um vor der Sicherheit zu warnen.
Es wird kein Mensch an Gott verschwendet!
Nur um des Batzens Meer zu tarnen...

Das Schiff jedoch folgt schon dem Läuten...
Sind Laute auch noch nicht zu hören!
Was soll das alles nur bedeuten?
Wann wird der Batzen das zerstören?

Man ist zwar dankbar für den Klumpen,
Und doch vermisst man seinen Batzen...
Will endlich wieder selber pumpen.
Die Scheiben sollen endlich platzen!

Und kann man schon nicht selber pumpen,
So soll zumindest Ausgleich freuen!
Im Austausch gegen einen Klumpen,
Man gebe Batzen von den Säuen...

Doch ist es durchaus nicht sehr schwierig,
Zu sein, zu schwatzen und zu hoffen!
Der Batzen ist sehr wissbegierig.
Der Stein hat ihn noch nicht getroffen...

Erst, wenn der Batzen sicher weiß,
An welchem Mast die Flagge weht,
Verlässt der Zug den Teufelskreis...
Damit das Schiff nicht länger steht!

Es regt und kratzt sich nun der Batzen,
Und malt sich eine Schädelmütze...
Die hilft beim Regen und beim Kratzen.
Das Meer ist doch nur eine Pfütze!

So kann der Zug nur weiter kreisen,
Und so das Schiff mit Abstand führen.
Doch Gott wird seinen Weg schon weisen!
Das Schiff wird einen Batzen spüren...

Und wenn er dies als falsch erachtet,
Wird bald ein Klumpen wieder frieren...
Von einer Insel aus betrachtet,
Da laufe ich auf allen Vieren!

Wir folgen doch alle der Wärme des Lichts...
Vernunft ist Gefühl nur und alles ist nichts!
Der Batzen ist nutzlos im Fall eines Falles...
Gefühl ist Vernunft nur und nichts ist auch alles!

(die Defensive des Gefühls)

NICHTS IST, ALLES GEFÜHL IST VERNUNFT

Es war einmal ein kleiner Batzen,
Der fühlte sich im Boot daheim.
Er wollte nicht, dass Träume platzen!
Darauf hab' ich jetzt keinen Reim...

Und als der Traum geborsten war,
Da hörte man das Schiff schon schwimmen.
Das Boot stellt keinen Schädel dar!
Der Weg des Batzens wird schon stimmen...

Nun stehen alle Türen offen.
Der Batzen kann sich frei entschließen.
Auf Besserung ist nicht zu hoffen...
Da prächtig schon die Rosen sprießen!

Denn endlich steht das Schiff auf Gleisen!
Der Anker steckt ganz tief in diesen.
Des Batzens Mut neu zu beweisen,
Hat sich als lukrativ erwiesen...

Der Batzen kreist ums Schiff herum,
Und tönt vergnügt und kollidiert.
Gewissheit bringt die Götter um...
Wer selbst nicht steuert, der verliert!

Denn wir sind alle führerlos!
Und auch der Batzen kurvt und steuert.
Das Schiff lässt nicht die Leinen los.
Denn Rosen sprießen wie bescheuert...

Die viel zu kurzen Kollisionen
Sind lustig und beizeiten laut!
Da Batzen jetzt in Schiffen wohnen,
Wird fleißig an den Docks gebaut...

Da jetzt ein Leck das Schiff bedroht,
Wird fleißig schon am Bug geschraubt!
Doch fürchtet man erneut das Boot,
Da man dem Batzen wohl nicht glaubt...

Drum wird ein Wortanfall gesendet,
Um von des Batzens Weg zu künden.
So viele Monde schon verschwendet...
Zu wenig Land, zu wenig Sünden!

Das Schiff soll folgen treu dem Batzen,
Und nicht das Boot für gar nichts hassen...
Es soll nicht fauchen oder kratzen.
Es soll das einfach drinnen lassen!

Man ist so dankbar für das Kätzchen,
Und möchte es nie wieder missen!
Dafür verschenkt man gern sein Bätzchen...
Denn selber pumpen ist beschissen.

Da man jetzt nicht mehr pumpen muß,
Wird eines Tages Bronze schallen!
Auf jeden Fall und einem Fuß,
Wird einst die Batzenbindung fallen...

Doch scheint es leider ziemlich schwer,
Es längerfristig drin zu lassen...
Es wünscht der Batzen sich so sehr,
Dass die Verdränger sich nicht hassen!

Erst, wenn der Batzen sicher weiß,
Dass niemand etwas ihm verbietet,
Schon gar nicht seinen Freundeskreis!
Wird endgültig die Brust vermietet...

Es träumt und wächst auch schon der Batzen!
Und greift beizeiten nach den Sternen...
Die sind von Schätzen und für Katzen,
Mit schneebedeckten Schokokernen.

So wird man also weiter kreisen...
Und immerzu den Abstand mindern.
Des Batzens Ehrlichkeit beweisen!
Mit Stetigkeit die Wunden lindern.

Wer immer dies als falsch erachtet,
Soll schweigen bis in alle Zeiten!
Von meinem Leuchtturm aus betrachtet,
Wird uns der Weg viel Spaß bereiten...

Die Götter, der Batzen, die Sterne – Nichts ist!
Der einzige Fakt ist, wie lieblich Du bist...
Wir welken und jedes Gefühl ist vernünftig!
Doch welke ich an Deiner Seite nur künftig...

(der Sieg des Gefühls)

Kapitel III: Stolz

(I)

Der Weg und das Ziel...

DAS HÄSSLICHE ENTLEIN

Als ich ihn einst kennen lernte,
War der Weg zum Schwan noch lang...
Als ich mich von ihm entfernte,
Spürte ich noch keinen Drang.

Damals gab es keine Schranken,
Doch es gab auch keine Gleise,
Eingerahmt von Rosenranken...
Denn der Sprössling keimte leise.

Als ich ihn dann wiedertraf,
War der Weg zum Schwan vollendet.
Jeder wusste, was er darf...
So hat man sich abgewendet.

Doch die kurvenreichen Gleise,
Eingerahmt von neuen Schranken,
Wuchsen nicht mehr ganz so leise...
Und es keimten Rosenranken.

Als ich ihn verworfen hatte,
Wurde ihm der Schwan bewusst.
Und es wuchs in ihm die Ratte...
Und es wuchs in mir die Lust.

Und man baute weiter Gleise,
Ignorierte alle Schranken.
Doch man ignorierte leise.
Wachsen ließ man Rosenranken...

Als ich schlief in seinem Haus,
Fand der Schwan den Weg zur Ratte.
Doch es stellte sich heraus,
Dass man übersehen hatte...

Ignorieren kann man Schranken,
Doch sie existieren leise...
So verwelkten Rosenranken,
Und man lief fernab der Gleise.

Als ich nicht mehr an ihn dachte,
(Ein Jahr älter war der Schwan)
Und mir keine Hoffnung machte,
Hat er es dann doch getan...

Endlich brachen ein die Schranken!
Endlich war man nicht mehr leise!
Prächtig blühten Rosenranken!
Eisern lagen da die Gleise...

Als ich spürte seinen Kuss,
Wollten Schwäne plötzlich passen.
So, als ob man büßen muss,
Für das lange Wartenlassen...

Denn die Angst vor Rosenranken
Keimte jahrelang schon leise...
Und so baute man sich Schranken,
Zu versperren jene Gleise.

Als ich ihn des Nachts vermisste,
Fühlte sich der Schwan allein...
Denn er sollte auf der Liste
Stets an erster Stelle sein!

Und so öffnete man Schranken,
Doch man ließ sie stehen leise...
Und man goss die Rosenranken.
Und man schuf gemeinsam Gleise.

Als ich ihm zur Seite stand,
Konnte sich der Schwan entfalten...
Als ich neue Wege fand,
Meinen Alltag zu gestalten.

Schön waren die Rosenranken!
Gern befuhr man diese Gleise!
Und man kannte keine Schranken!
Denn das Läuten war zu leise...

Als ich ihn komplett verehrte,
Kannte ich den Schwan nicht mehr.
Dass er jemanden begehrte,
War schon ziemlich lange her...

Und das Läuten war stets leise...
Wer braucht schon die alten Schranken?
Waren doch so schön die Gleise
Eingerahmt von Rosenranken!

Als ich ihm die Treue brach,
Um dem Schwan das Haupt zu heben...
War er zwar sehr krank danach,
Doch er konnte mir vergeben.

Denn man weinte lieber leise...
Wollte keine neuen Schranken!
Denn gehalten wurden Gleise
Durch die Kraft der Rosenranken.

Als ich ihn das Hoffen lehrte,
Da der Schwan gesellig war,
Und die Liebe ihm erklärte,
War mir eines noch nicht klar...

Durch die dichten Rosenranken
Sah man kaum den Weg der Gleise...
Und es senkten sich die Schranken,
Unaufhaltsam, aber leise.

Als ich ihm das Herz zerriss,
Als der Schwan den Mensch besiegte,
War es lange ungewiss,
Ob er je die Kurve kriegte...

Doch man glaubte an die Gleise,
Denn man sah die Rosenranken.
Und man weinte nicht mehr leise...
Akzeptierte keine Schranken!

Als ich ihn komplett verdrängte,
Und dem Schwan den Vorrang gab,
Er sich dennoch nicht erhängte,
Blickte ich auf ihn herab...

Und man sehnte sich ganz leise
Nach den alten Rosenranken...
Wie lang liegen wohl die Gleise?
Wie schwer wiegen wohl die Schranken?

Als ich ihm die Schwester bot,
Die der Schwan geschaffen hatte,
War der Bruder längst schon tot.
Um ihn trauerte die Ratte...

Und um all die Rosenranken.
Doch es lagen still und leise,
Eingerahmt von alten Schranken,
Unter ihnen noch die Gleise...

Als ich zu ihm wiederkehrte,
Da der Schwan gebändigt war,
Und sich nicht dagegen wehrte,
Wurde mir letztendlich klar...

Ewig sprießen Rosenranken!
Unzertrennlich sind die Gleise!
Instabil sind nur die Schranken!
Und der Schwan ist endlich leise...

+++

Als ich ihn zu Grabe trug,
War der Schwan schon alt und hatte
Eigentlich noch nicht genug
Von den Zeiten mit der Ratte...

Selbst im Jenseits sind die Gleise
Eingerahmt von Rosenranken!
Ist die Ratte jetzt auch leise...
Sie bleibt ewig im Gedanken!

Wenn ich auf mein Leben schaue,
Denk ich gern daran zurück,
Wie ich mit ihm Gleise baue...
Auf dem Weg zu meinem Glück!

Auf dem Weg zu unserem Glück...

Wird auch der Schwan auf dem Weg stets latent sein...
Ich bleibe immer das hässliche Entlein!

(eine fast wahre Geschichte)

DAS HÄSSLICHE ENTLEIN II

Als ich ihm den Ansporn gab,
Statt dem Schwan sich selbst zu hassen,
Blickte ich nicht mehr herab,
Denn er hatte mich verlassen...

Einsam rosten nun die Gleise,
Auf verwelkten Rosenranken.
Lebensfreude schwindet leise.
Auch auf Wegen stehen Schranken...

Als ich ihm den Ursprung nannte,
Logen keine Schwäne mehr,
Da er es nicht selbst erkannte...
Er vertraute mir zu sehr!

Doch man schnarchte nicht sehr leise...
Staub lag auf den Rosenranken...
Mit dem Fahrrad auf die Gleise...
Poster hingen an den Schranken...

Als ich seinen Stolz zerbrach,
(Es hat keinen Schwan gegeben)
War ich endlich frei danach!
Er verschwand aus meinem Leben...

Denn es sprossen Rosenranken
Nur auf einem Strang der Gleise.
Kein Bedarf für neue Schranken!
Endlich war die Ratte leise...

Als ich seinen Tod bemerkte,
War das siebzehn Wochen her...
Dass mein Mann mein Ego stärkte,
Kümmerte mich sehr viel mehr.

Was war mit den Rosenranken?
Wer befuhr noch mal die Gleise?
Wofür standen jetzt die Schranken?
Summte man und lachte leise...

Wenn ich auf mein Leben blicke,
Denk ich gern daran zurück,
Wie ich putze, tanze, ficke...
Auf dem Weg zu meinem Glück!

Auf dem Weg zu meinem Glück...

Auf diesem Weg wird kein Schwan je präsent sein...
Ich bleibe immer das hässliche Entlein!

(alternatives Negativ-Ende)

DAS HÄSSLICHE ENTLEIN III

+++

Als er mich komplett verwarf,
Und sogleich die Angst verspürte,
Dass er mich nicht sehen darf,
Wurde klar, wohin das führte...

Von Bedeutung sind die Gleise!
Weniger die Rosenranken...
Und so wuchs der Wunsch ganz leise,
Nach der Strecke ohne Schranken.

Als er um mich bangen musste,
Sah er endlich wieder ein,
Was er doch schon immer wusste...
Er wird stets mein Bruder sein!

Denn auch ohne Rosenranken
Liegen eisern da die Gleise!
Akzeptiert hat man die Schranken.
Und man weint jetzt wieder leise...

Als er mich zur Schwester nahm,
Die er totgeglaubt schon hatte,
Reichte ihm, was er bekam.
Und er tötete die Ratte...

Und man weint vor Freude leise.
Denn die handgemachten Schranken
Unterbrechen nicht die Gleise,
Sondern nur die Rosenranken...

+++

Als ich seinen Tod erkannte,
War das grad zwölf Stunden her.
Dass mein Mann ihn Schwager nannte,
Half mir in der Trauer sehr...

Sind im Jenseits zwar die Gleise
Frei von jeden Rosenranken,
Bleiben sie doch ewig leise
Positiv in den Gedanken...

Wenn ich mich zur Ruhe lege,
Denk ich gern daran zurück,
Wie er mich auf meinem Wege
Stolz begleitet hat ein Stück...

Auf dem Weg zu meinem Glück...

Wird auch der Schwan mir stets ein Konkurrent sein...
Ich bleibe immer das hässliche Entlein!

INZEST

Stets war meine Hoffnung vergebens.
Ich bin der totale Versager!
Ich traf nicht die Frau meines Lebens.
Ich war nur mein eigener Schwager...

(alternatives Positiv-Ende und Zusammenfassung)

DAS HÄSSLICHE ENTLEIN IV

Schwarze Flecken an den Schranken.
Man ertrug die Sporen leise,
Um an ihnen zu erkranken.
Stubensitz statt Städtereise...

Schwarze Boxen ließ man wanken.
Grindcore hörte man nicht leise.
Keine Neider zu verdanken.
Auch auf Laken war man Scheiße...

Zu oft zahlte an den Tanken
Man für Sprit zu hohe Preise.
Stolz, Respekt und Reiz versanken
In den Gerstenfluten leise...

Rote Zahlen bei den Banken,
Auf den Tischen feuchte Kreise,
Und die Aschenbecher stanken,
Und die Sauger blieben leise...

Man begrub Erfolgsgedanken,
Um stets schlecht frisierter Weise
In den Baumarkt stumpf zu schwanken.
Man belächelte dies leise...

(Erläuterung)

DAS HÄSSLICHE ENTLEIN V

Wenn ich durch Europa toure,
Und der Schwan mit Kerben prahlt,
Macht mich das noch nicht zur Hure,
Denn ich werde nicht bezahlt...

Doch auch ohne Rosenranken
Bleibt der Engel manchmal leise...
Ohne Scham und ohne Schranken
Legt das Teufelchen die Gleise.

Wenn mir Wein und Käse schmecken,
Ist die Pasta schon verdaut.
Fleischwurst bleibt im Halse stecken!
Morgen gibt es Sauerkraut...

Übermorgen gibt es Gleise.
Und dazu frittierte Schranken.
Knebel hält den Engel leise...
Wer braucht schon die Rosenranken?

Wenn ich heute ihm begegne,
Ist es nicht mehr, wie es war...
Er spuckt Feuer und ich regne.
Doch es geht mir wunderbar!

Endlich wachsen Rosenranken,
Die ich wünschte mir stets leise...
Endlich akzeptiert man Schranken.
Endlich lege ich die Gleise!

Wenn ich ihn verrecken sehe,
Geht mir das am Arsch vorbei!
Wenn ich das hier recht verstehe,
Ist er weg und ich bin frei...

Fackelt ab die Rosenranken
Und zersägt die alten Gleise!
Für den Pöbel keine Schranken,
Denn das Läuten ist zu leise...

Wenn ich auf mein Leben sehe,
Denk ich nicht daran zurück,
Wie ich ihm im Wege stehe...
Auf dem Weg zu seinem Glück.

Auf dem Weg zu keinem Glück...

Sind auch vier Viertel nicht immer zwei Halbe
Ich bleibe immer die hässliche Schwalbe

ARSCHFICK
Stets war keine Lüge vergebens.
Ich bin der totale Gewinner!
Ich war Licht und Sinn seines Lebens.
Er war nur ein treudoofer Spinner...

(Ende und alternative Zusammenfassung)

Kapitel IV: Angst

(I)

Wenn das Herz den Thorax sprengt...

ANGST

Alles leuchtet ein!
Sie ist die Gefahr;
Wird der Richter sein...
Soviel ist mir klar.

Alles passt zusammen!
Er ist der Verräter;
Wird die Klinge rammen...
Jetzt, gleich oder später.

Alles ergibt einen Sinn!
Denk ich an die Zeit zurück,
Stoße ich bestimmt darin
Auf das letzte Puzzlestück.

Siehst Du den Zusammenhang?
Stellst Du meine Angst in Frage?
Hörst Du ihren Grabgesang?
Spürst Du nicht den Ernst der Lage?

Einst als freier Mensch geboren!
Und nur von mir selbst bedroht...
Hat sich jeder nun verschworen!
Und ich fürchte frühen Tod...

(Mary's Entgleisung)

49

Kapitel V: Trauer

(I)

Wenn das Herz keine Farben mehr kennt...

DER SELBSTERHALTUNGSTRIEB

Ich gehe im Dunkeln,
Allein mit dem Schatten.
Ich sehe ein Funkeln
Dort neben den Ratten.

Es funkeln die Steine
Am Hals einer Leiche.
Bin nicht mehr alleine!
Aus Furcht ich erbleiche.

Zwei Punkte ich sehe,
Dort über den Steinen.
Und wie ich hier stehe,
Muss plötzlich ich weinen.

Die Punkte, sie werden
Zu blutroten Streifen.
Ein Wesen auf Erden,
So schwer zu begreifen!

Es fliehen die Ratten,
Zurück bleibt die Stille.
Allein mit dem Schatten.
Mein Tod ist sein Wille!

Kein Laut zu vernehmen,
Doch spür' ich die Nähe,
Erkenne den Schemen.
Im Zeichen der Krähe!

Des Wesens Aura, hart und kalt,
Sie zeugt von Tod, Macht und Gewalt!
Es beisst, es schmerzt, es fließt, es weicht.
Schon bald hab' ich das Licht erreicht!

Vergängliches Leben.
Zu früh muss ich gehen!
Doch werd' ich vergeben
Dem Wesen der Krähen!

Ich starb, damit es leben kann,
Und Gott allein ist Schuld daran!
Der Schwache muss dem Starken weichen,
Und dieser Kreislauf fordert Leichen!

(eine lange Nacht bricht an)

STERBENDER FÖTUS

Vater sät den Kugelbauch,
Zeigt mir Mutter, zeigt mir Eden;
Zeigt mir Apfelbäume auch,
Ohne von Gefahr zu reden.

Fruchtsaft fließt in sein Exil.
Brechend reite ich die Welle.
Leben ist kein Lebensziel!
Aus dem Garten in die Hölle...

FLEISCHNACHT

Des Nachts im dichten Fichtenwald,
Da hab' ich ihn begraben.
Sein Lächeln war so eisig kalt,
Wie auch das Fleisch des Knaben.

Noch etwas ist in ihm von mir,
Und etwas noch in mir von ihm.
Sein Fleisch riss ich in wilder Gier,
Und später wurden wir intim.

Die Nacht, ich werd' sie nie vergessen.
Hab gern von seinem Fleisch gefressen!
Mich gern an seinem Fleisch gerieben,
Den Schuss in seinen Darm getrieben!

Wie machtlos, wie mächtig, so mächtig, die Macht!
Ich lieb' sie, ich brauch sie, ich bin sie... Fleischnacht!

(von der Wiege bis zur Bahre)

DIE SAAT

Es wächst die Blume, rot und schön.
Entfernt vom Nabel nur ein Stück.
Doch wird sie schon sehr bald vergeh'n,
Lässt Regen, Schmerz und Licht zurück.

Die Saat verlässt bei dumpfem Knall
Des fabrizierten Gottes Mund;
Sät rote Blumen überall
Auf Mutter, Bruder, Sohn und Hund...

DIE SAAT II

Ein weißer Baum im Schloss der Schmerzen
Liest schwarze Saat und brennt sie nieder,
Beschützt das Fleisch vor seinem Herzen;
Doch schwarze Saat kommt immer wieder...

Und wächst der Baum in fernem Saal,
Und führt die Pumpe fremdes Blut,
So keimt die Saat und färbt den Stahl;
Und alles wird nie wieder gut...

DER TODESENGEL

Der tödliche Pfeil des Amor traf mich!
Die Spitze war giftig; ihr Herz schlug für zwei.
Das Gift namens Liebe verdrängte den Schmerz.
Für diese Zeit dacht' ich, ich wäre glücklich.
Das Gift ist geblieben, die Wirkung vorbei,
Der Pfeil des Amor zerstört nun mein Herz!

(vom Zerstören, Selbstzerstören und Zerstörtwerden)

EINBLICK
Ich sehe das Leben
Mit sterbenden Augen.
Zum Sterben nur streben,
Zum Leben nicht taugen!

SCHLAFLOS
Kirsche im Kiefer,
Säge im Knochen.
Nagel sticht tiefer...
Wille gebrochen!

DIE NADEL
Ich suchte den Sinn,
Das Ziel meines Lebens.
Wie sinnlos ich bin.
Ich suchte vergebens!

DAS OUTRO
Ich spiel' auf dem Arm
Wie auf einer Geige.
Das Blut ist so warm.
Und ich bin so feige!

HAPPY END
Nun hänge ich hier.
Der Stuhl liegt daneben,
Und gut geht es mir.
Muss nichts mehr erleben!

(Depression von Kopf bis Fuß)

Kapitel VI: Hass

(I)

Wenn das Herz den Bezug zur Realität verliert...

AMOK

Weg ohne Ziel,
Ziel ohne Grund,
Grund ohne Weg...
Geistig gesund!

Projektile suchen, finden
Alle Farben, alle Klassen.
Projektile überwinden
Fleisch und Knochen, weil wir hassen!

Hass auf Dummheit, Hass auf Christ,
Hass auf das, was menschlich ist!

Hassende Herzen,
Feuernde Hände,
Dampfende Kerzen,
Laufendes Ende!

Das letzte Pulver im Fass...
Du oder ich?
Auf's SEK ist Verlass...
Hass auf Dich!

Füllt die Särge,
Füllt sie auf!
Leichenberge,
Amoklauf!

(die Blindheit der Wut)

FLEISCHFARBE

Schneide das Fleisch!
Mach es kaputt.
Töte das Fleisch!
Male mit Blut.

Durchtrenne die Haut
Und mach' sie kaputt!
Verbrenne die Haut
Mit glühendem Blut.

Mit ihm sollst du schmücken
Haupt, Brust, Bauch und Rücken,
Die Arme bemalen
Mit Zeichen und Zahlen.

Verzehre das Fleisch
Und trinke das Blut.
Bemale das Fleisch.
Berühre das Blut
Und spüre die Glut.

Hasse das Fleisch!
Schneide das Fleisch!
Töte das Fleisch!

(Fleisch ist schön)

DER WÜSTENADLER

Wann und wo ich spucken kann,
Menschen spuck' ich gerne an!!
Hab auch keine and're Wahl...
Meine Spucke fetzt total!

Spuck ich einem ins Gesicht,
Nimmt er mir das übel nicht...
Bisher war mir hold das Glück,
Keiner spuckte je zurück!

Zieh mir gern im Sonnenschein
Zwei, drei Magazine rein,
Bastle Kügelchen daraus,
Spuck sie in die Welt hinaus!

Spuck auf Köpfe, das macht Spaß!!
Danach sind die Haare nass...
Spuck auf Kinder, Frau'n und Greise,
Nicht auf Tiere, das ist Scheiße!

Am liebsten spuck ich ohne Worte!
Ich spucke vor die Himmelspforte!!
Und immer dann, wenn ich mal nicht mehr spucken kann,
Dann lese ich, und fang wieder von vorne an...

(der Adler hat den Horst verlassen)

I THINK I CAN

Ich sah ihn schlagen
Und ich sah ihn steh'n.
Konnt's nicht ertragen,
Ihn da steh'n zu seh'n!
Doch ich sah auch Wunden
Und ich sah ihn liegen.
Mit dem Gesicht nach unten,
Und ich sah ihn fliegen...

Ich seh' sie kaufen
Und ich hör' sie fragen?
Ich seh' sie denken
Und ich hör' sie klagen.
Doch dann seh' ich sie leiden,
Ihre Augen sind leer!
Hör' sie flehen und weinen,
Und sie stehen nicht mehr...

PUSH THE BUTTON

Chemiebewaffnung ist zwar teuer,
Doch zeigt sie uns den Weg des Lichts.
Drum töte nicht mit Stahl und Feuer...
Zerstöre alles oder nichts!

Natürlich soll der Schänder leiden!
Doch willst Du Konsequenzen tragen?
Um Dich für alles zu entscheiden,
Musst Du den Chemiker befragen.

Und hast Du reichlich Geld und Wissen,
Dann zeige uns den Weg des Lichts!
Den toten Mann plagt kein Gewissen...
Zerstöre alles oder nichts!!!

(mit und ohne Melodie)

HASSANFALL
Schlaf mit Deinem Spiegelbild!
Lutsch an mir, gib endlich Ruhe,
Deine Stimme macht mich wild.
Schlaf in meiner Tiefkühltruhe!

TAGTRAUM
Noch ein Hohlkopf fällt zu Boden!
Die Dummen sterben wie die Fliegen;
Und mit dem zerquetschten Hoden
Wird der Idiot nie Nachwuchs kriegen...

GEISTIG
Arme Menschen sollen fehlen!
Liegen, hängen, leuchten, treiben...
Ihre Körper sollst Du stehlen.
Nur die Reichen dürfen bleiben!

BASTARD
Du schlägst, um zu schlagen;
Nimmst, ohne zu fragen;
Holst aus, um zu geben...
Verdienst nicht, zu leben!

MENSCHEN
Stars und Sternchen, nichts und BILD,
Handys, Autos, Hirnpüree...
Anspruchsvoll ist ungechillt!
Denken tut so schrecklich weh...

(die Lehre der Berufsschule)

Kapitel VII: Heiterkeit

(I)

Denn der dichtende Mann macht ein nettes Gesicht...

FRESSWURST

Wurst im Schlafrock,
Wurst im Wald...
Gestern Schafbock,
Heute kalt.

Aus der Mutter
In die Zelle;
Und als Futter
In die Pelle.

Wurst mit Fritten,
Wurst mit Fell...
Kaum gelitten;
Ging recht schnell.

Steak in Leder,
Wurst in Dosen,
Fleisch ist jeder...
Wurst in Hosen?

(Wurst in Hosen)

DARF ICH DICH FRÄNK NENNEN?

Ein Ritter ließ einst diese Sternschnuppen fliegen.
Die Zunge stach schmerzhaft direkt in mein Pik.
Das wird wohl am bebenden Unterschied liegen...
Der Ritter ist scherzhaft, die Schnuppe antik!
Vom Wachen und Schweifen erzählten die Sterne.
Ein Loblied letztendlich auf Freiheit und Mut.
Doch Machen und Reifen verschiebe ich gerne...
Was heut ich ertrage, ist morgen noch gut!

Die Front ist das Leben, das Wort meine Waffe!
Doch in diesem Krieg dominiert meist die Zahl.
Und da ich es als Deserteur wohl nicht schaffe,
Fällt für einen Sieg auf die Zahl meine Wahl...
Ist auch meine Wandlung ein Opfer der Drogen;
In einiger Hinsicht besteht Potential...
Und so wird die Hand um die Feder betrogen.
Der Weg ist zwar simpel, doch suboptimal!

So bleibt es bei Blei, bei Tendenzen und Noten...
Der Drang ist befriedigt, der Ballermann auch.
Zwar ist dieser Brei an der Front nicht verboten;
Doch bleibt statt des Lohns nur der Schall und der Rauch!
Vernunft ist doch nichts, denn Gefühl, das ist alles!
Doch wird dies nur selten vom Krieger erkannt.
Die Feder gespannt für den Fall eines Falles;
So bin auch ich selbst auf den Sieger gespannt...

Solange mir gerne Personen begegnen,
Wie Du oder sie oder der besser nicht,
Wird keiner der Sterne das Zeitliche segnen!
Denn das gibt mir Dünger und Wasser und Licht...
Für die Symbiose aus Zahlen und Sternen
Bedanke ich mich für den Reiz und das Lernen!!

(für Frank ohne Umlaut)

DER UNSYMPATH

Bomberjacke, Kraft statt Hirn,
Bis zum Nacken enge Stirn!
Weiße Schnur auf schwarzem Leder.
Du bist dämlich, das sieht jeder!
Von Politik verstehst du viel:
„Der Kommunist muss ins Exil!"
Schwarze nennst du gerne Neger,
Haust sie mit dem Baseballschläger.
Aber nur im feigen Pöbel.
Stehst auf Zucht und Eichenmöbel.
„Deutsch sein ist das einzig Wahre!"
Deutsch bist du schon 18 Jahre.
Achtzehn Jahre Patriot,
Stolz auf Deutschland bis zum Tod!
Das ist ein Quäntchen Stolz zuviel...
Faschisten müssen ins Exil!

(Reaktion auf einen Unsympathen)

DER MANN

Erst ein Meer aus Bart und Schädeln
Macht das Ypsilon erträglich.
Keine and'ren Schwänze wedeln;
Nur noch eine Suppe täglich...

MARY

Dichter Nebel zieht herauf
Aus dem Tümpel in die Flügel;
Lässt sie tragen mich bergauf,
Doch lässt wachsen auch den Hügel!

DER GETRÄNKELIEFERANT

Wurde niemals eingeladen.
Schwimme gern in Nebenflüssen!
Um dem fetten Fisch zu schaden,
Werd' ich in den Hauptstrom pissen!

SCHULE

Die Hand stützt die Wange,
Der Speichel läuft aus.
Ich weile mich lange,
Muss dringend hier raus!

DIE SCHLANGE UND WIR

An der Pforte stehen
Die braven wie die schlimmen.
Alle müssen gehen,
Nur tote Fische schwimmen!

(Sex, Drugs, Rock'n'Roll, Freedom & Firlefanzism)

DER FRECHDACHS

Ich zieh' an jedem Mädchenzopf;
Und dann verdrück' ich mich.
Ich haue jedem auf den Kopf,
Der kleiner ist als ich.

Ich stelle jedem gern ein Bein;
Und lauf' dann einfach weg.
Das lieb und brav und artig Sein,
Das hat ja keinen Zweck.

Ich bin ein echter Egoist;
Und frech von A bis Zett.
Doch treff' ich wen, der stärker ist,
Dann bin ich lieb und nett...

(das Erste)

Bonustrack

(I)

feat. JC

SCHILDKRÖTE

Der erste Schuss bestimmt die Schlacht.
Wer Tote weckt, wird ausgelacht!
Doch Du, Du standest an dem Grab,
An dem ich mich zur Ruh' begab...

Wer hat Dir das Recht gegeben,
Himmelwärts empor zu streben?
Und mich abwärts stets zu treiben,
Während Höllen mich zerreiben...
Verstehe die Vergangenheit
Und glaube an Glückseligkeit!
Verschwinde aus dem Schlangental!
Erinnere das Hospital...
Denn nur, wer Serien erzeugt,
Hat sich dem Schäbigen gebeugt.

Während ich nun stets rotiere
Und in Kreisen mich kopiere,
Erhielt ich doch ein Stückchen Glas,
Auf dem ich Deinen Namen las...
Und als meine Wenigkeit,
Fremd geschmückt mit Heiterkeit,
Sterile Räume nass verließ,
Ein Rabe mir den Spaß bewies...
Er zeigte auf mein frisches Grab,
Bevor er mir den Schlüssel gab.
Doch alle Schlösser sind verrostet...
Den Krieger dies das Leben kostet.

(einer von vielen stummen Dialogen)

Nachwort

Dank gebührt:

Katinka für ihr Dasein

André für so vieles

Frank für den Reiz und das Lernen

JC für die stummen Dialoge

Meiner Familie für das stetige Auffangen

Meinen echten Freunden für ihre Persönlichkeiten

Den nicht namentlich erwähnten Frauen für die Zeiten

Chris und BurnYourEars für die Entfaltung

Dying Fetus und all den anderen Bands für die Musik

Mary für die prägenden Jahre

Danke und Ende!